本屋さんのすべてがわかる本 １

調べよう！

世界の本屋さん

秋田 喜代美 監修　　稲葉 茂勝 文

ミネルヴァ書房

はじめに

少し昔のことです。まちの本屋さんは地域の人たちが集まる場として大きな役割を果たしていました。そこは本と出あうだけでなく、お店の人との会話も楽しみでした。ところが最近では、本もインターネットでかんたんに買うことができるようになり、本屋さんという「場」がどんどんへってしまいました。

そんななかでも、ふらっと本屋さんに足をはこぶという人や、本屋さんにいれば何時間でも時間をつぶせるという人、1日に何軒も本屋さんをはしごするといった人も多くいます。そういう人たちにとって本屋さんの魅力とはなんでしょうか。

◆

日本では、毎日のように多くの新刊本が出版されています。1年間に約7万8000点、1日平均で約215点です（2012年*）。こうした本を一望できる場所が本屋さんです（社会の仕組み・流通の仕組み）。

ところが、まちの本屋さんは小さいお店が多く、売り場面積が限られていて、一部の本しかならべることができません。そこで、どの本屋さんも限られたスペースを、どうやってじょうずに使うか、工夫に余念がありません。

ぜひこの本を買ってほしい！　という書店員さんの熱意が感じられる本屋さんがあります。このポップ（写真）を書いた人はきっとこの本が大好きで、多くの人に読んでほしいと願っているのだろうと思える本屋さんもあります。どんな人がこのポップを書いているんだろう？　その書店員さんに話を聞いてみたくなります（インタビュー）。

近年、小中学校で職場体験がさかんです。どんなお店が、どんな工夫をして、どんな商品をならべているのか。書店員さんは、どんな気持ちで働いているのかといったことを、実際の体験を通して知ることがとてもたいせつだといわれています（キャリア教育）。

◆

本屋さんでは、いろいろな本に出あえます。えっ、こんな本があるんだ！　外国のことについて書かれた本は、タイトルを見るだけでも異文化理解につながります（国際理解教育）。本屋さんに来る人のようすを見ると、どんな本が人気があるのかがわかります。そう、本屋さんというところは、人びとがどんなことを考えているのか、なにを感じているのかがわかる「場」なのです（情報教育）。

本屋さんにならんでいる本でも、自分にとってよくないものもあります。本屋さんは、どんな本が自分にとってよいもので、どんな本がよくないかを見きわめられる「場」でもあります（メディアリテラシー）。

はじめて自分のおこづかいで自分のものを自分の意志で買いに行く店が本屋さんなら、だれも文句を言いません（金銭教育）。自分のお金ではじめて買った商品はその人にとって一生の思い出になります。その商品が本であった人は、自分の進路に迷ったときなどにも本屋さんに行くでしょう。知識の多くを本屋さんから得る人になるかもしれません。きっと本好きになるでしょう（読書推進）。

◆

最近、あちこちで読書推進活動がさかんです。「本屋さんへ行こう！」といった体験学習や本をめぐる総合的な学習を小学校や中学校、高校でも取りいれてもよいのではないでしょうか。この「本屋さんのすべてがわかる本シリーズ」は、そうした思いを大胆に提案しながら全4巻で構成しました。

❶ 調べよう！　世界の本屋さん
❷ 調べよう！　日本の本屋さん
❸ 見てみよう！　本屋さんの仕事
❹ もっと知りたい！　本屋さんの秘密

大人の方へ
上の文の青字のように、本屋さんは、「教育の宝庫」といえるところです。子どもたちをつれて、どんどん本屋さんへ行ってみてはいかがでしょう。

*『出版月報　2013年1月号』（社団法人全国出版協会・出版科学研究所）より。

もくじ

はじめに ……………………………………… 2

パート1 本屋さんの歴史

本の売り買いのはじまり …………… 4
- 古代ギリシャにはじまる？
- さらに昔から？

近代の本屋さんのうつりかわり …… 6
- 大学の誕生
- 印刷業者が本屋を営む
- 本屋の近代化

出版社と読者との仲介役 …………… 8
- 本の小売りと卸売り
- 古本屋のおこり

本屋さんの歴史、イギリスでは？ …… 10
- 「スミシズ」の歴史＝近代書店の歴史
- ISBNの発明

世界共通の規格ISBNをくわしく知ろう！ … 11

アメリカの本屋さんの歴史 ………… 12
- 戦地や新聞スタンドで
- 大型チェーン店の発展

ペーパーバックと製本 ……………… 13

パート2 写真で見る外国の本屋さん

ハッチャーズとは？ ………………… 14
- 世界の本屋さんトップ10
- 立派な袋

世界の本屋さんトップ10 …………… 15

ヨーロッパとオセアニアの本屋さん … 16
- フィンランド ■スウェーデン ■ノルウェー
- ドイツ ■オランダ ■フランス ■スペイン
- イタリア ■ギリシャ ■オーストリア ■チェコ
- ハンガリー ■ロシア ■オーストラリア

イスラム圏の本屋さん ……………… 22
- トルコ ■インドネシア ■マレーシア

本が焼かれる ………………………… 23

「一党独裁国家」の本屋さん ……… 24
- 中国の新華書店の歴史
- 中国でもネット販売に押される
- 香港では？ ■北朝鮮の国営書店

アジアのさまざまな国の本屋さん … 26
- 韓国 ■タイ ■インド ■ベトナム ■スリランカ

紀伊國屋書店の海外店舗 …………… 28

国際ブックフェア …………………… 29

さくいん ……………………………………… 30

パート1 ■ 本屋さんの歴史

本の売り買いのはじまり

印刷機が発明される前、本（書物、書籍、図書）は人の手で書き写されていました。報酬をもらって本を書き写す仕事をしていた人と、彼らの仕事場が、世界の本屋さん*のはじまりだといえるでしょう。

*この本では、書店を含め「本屋」に統一し、本文では「さん」を省略します。

古代エジプトのアレクサンドリア図書館には、パピルスの巻物をもとめて多くの学者たちが集まった。

パート1 本屋さんの歴史

古代ギリシャにはじまる？

本の売買は、紀元前の古代ギリシャ時代にさかのぼります。詩人や演説家によっておこなわれた演説が書きとめられ、その写しが販売されていました。これが当時の本屋のはじまりではないかと考えられます。

『ブリタニカ百科事典（エンサイクロペディア・ブリタニカ）』によると、「アリストテレスは多くの蔵書を所有」していました。また、「プラトンは、ピタゴラス学派の哲学者フィロラオスの３本の論文に大金を支払った」という記録があります。さらに、「紀元前300年ごろにエジプトに、アレクサンドリア図書館がたてられたときには、アテナイ人（現在のギリシャの首都アテネに住んでいた人びと）の本屋がさかんに活躍していた」とか、ローマ帝国時代には、裕福な人たちのあいだで「家財の一部として書斎をもつことが流行していた」「本の商売がさかんになり、本を売る店のドアや柱にはおいてある本のリストが掲示されていた」などと書かれています。

さらに昔から？

紙を意味する英語「ペーパー（paper）」の語源となったパピルスは、ナイル川のほとりにはえる「パピルス（papyrus）」という植物からつくられました。それは、古代ギリシャ時代より前の古代エジプト時代のことでした。

古代エジプト時代には、すでにアシという植物でつくったペンと、すすでつくったインクで、パピルスに文字を書いていました。アレクサンドリア図書館には、パピルスに書かれた数十万巻の本があったといわれています。そのころの本のかたちは巻物でした。

こう考えると、巻物の売買は、古代エジプトからおこなわれていたと想像することもできます。

もっとくわしく

本の誕生

アレクサンドリア図書館がつくられてまもない、紀元前２世紀ごろにペルガモン（現在のトルコ）で、アレクサンドリアにまけない図書館の建設がはじまりました。ところが、エジプトがパピルスの輸出を禁止。そこでつくられたのが、羊皮紙です。ヤギやヒツジの皮をうすくのばした羊皮紙は、両面に文字を書くことができて、折ることもできました。こうして、書物はパピルスの巻物から本のかたちになりました。しかし、現在の本と同じものが完成したのは、それからだいぶたった６世紀はじめの、イタリアの修道院でのことだといわれています。

『ブリタニカ百科事典』は、1768～1771年に初版がイギリスで発行され、1901年からはアメリカで発行されてきた世界的に権威のある百科事典。2012年に停止されるまで、242年間に15版まで発行された。現在は、インターネット上の百科事典となっている。

近代の本屋さんのうつりかわり

11世紀、イタリアでボローニャ大学がつくられたのをきっかけにして、各地に大学が誕生します。それとともに、あらゆる分野の本に関心がもたれるようになり、本屋さんの活動もさかんになっていきます。

大学の誕生

大学の歴史は11〜12世紀にはじまります。世界最古の大学は1088年設立とされるイタリアのボローニャ大学です。その後、イギリスのオックスフォード大学、フランスのパリ大学などが開設。こうしたなか、大学での学問がさかんになります。それを支えたのが図書館の本でした。

すると、本を自分の手元においておきたいという思いで本を買う人も増え、当然、本の売り買いもさかんになり、現代のような本屋のかたちになっていきます。

『ブリタニカ百科事典』(→5ページ)には、「本屋という商売は、12世紀のパリとボローニャで成立したようであり、法律家と大学が先がけてはじめたようである」と記されています。

ボローニャ大学は「世界の大学の原点」とされている。

もっとくわしく

印刷技術の歴史

中国で2世紀ごろに紙が発明され、7世紀には木版印刷がおこなわれ、さらに11世紀、陶器でつくられた活字で印刷がはじまりました。いっぽうヨーロッパでは、1445年ごろ、ヨハネス・グーテンベルクが金属活字の活版印刷技術を発明。印刷物や本も急速に広まりました。

- 7世紀末〜8世紀初頭、中国で木版印刷がはじまる。
- 868年、中国で最古の印刷書籍「金剛般若波羅蜜経」が誕生。
- 宋時代、中国で木版印刷と出版がさかんになる。
- 11世紀、中国で陶製の膠泥活字が誕生。
- 1314年、中国の王禎が「農書」22巻を木活字により刊行。
- 1403年、朝鮮半島で、太宗官立の銅活字鋳造所が設立される。
- 1430年、ドイツで世界初の銅版彫刻が誕生。
- 1445年ごろ、ドイツでグーテンベルクが活版印刷術を発明。

印刷業者が本屋を営む

15世紀、ドイツで印刷機が発明され、本がつぎつぎとつくられるようになると、印刷業者の多くが本屋をかねるようになります。世界各地の大学が本の販売にかかわっていきます。

そのころの大学では印刷業者を認定し、そこで本などを印刷しました。大学は認定した印刷業者以外には、印刷も販売もさせませんでした。

しかし、本の人気がますます高まってくると、認定されていない本屋が多く登場。本の売買がさかんにおこなわれるようになります。こうしてオックスフォード大学などでは、貴重な本が数多く印刷されて流出していたといわれています。

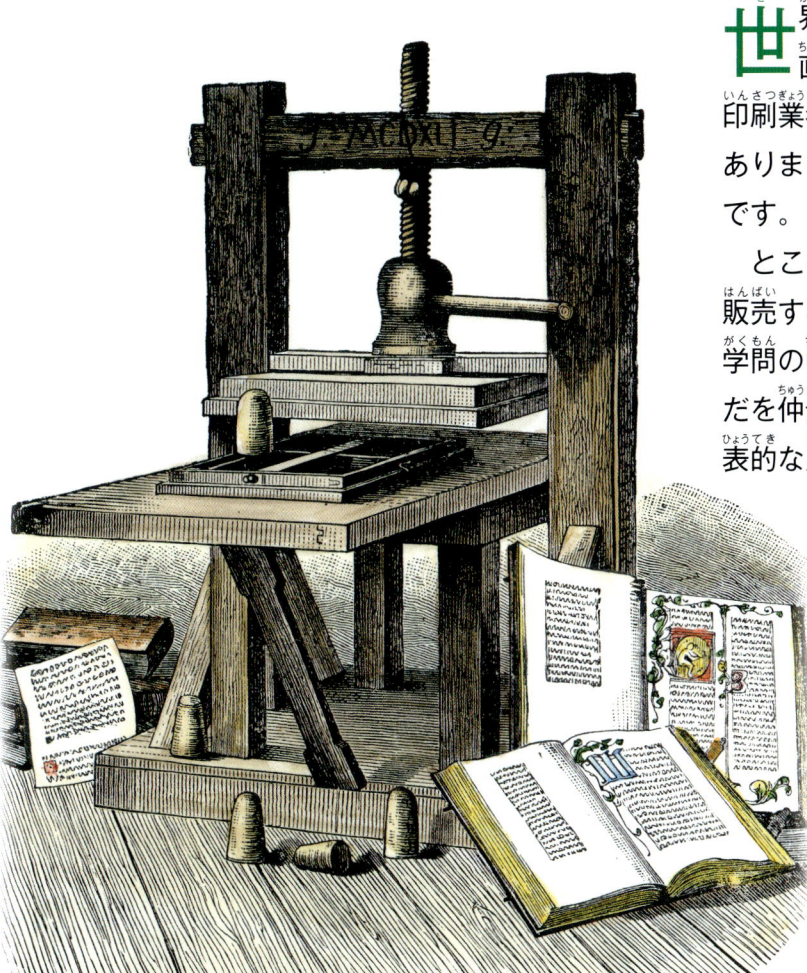

グーテンベルクが発明した、活版印刷機。本の大量生産が可能となった。

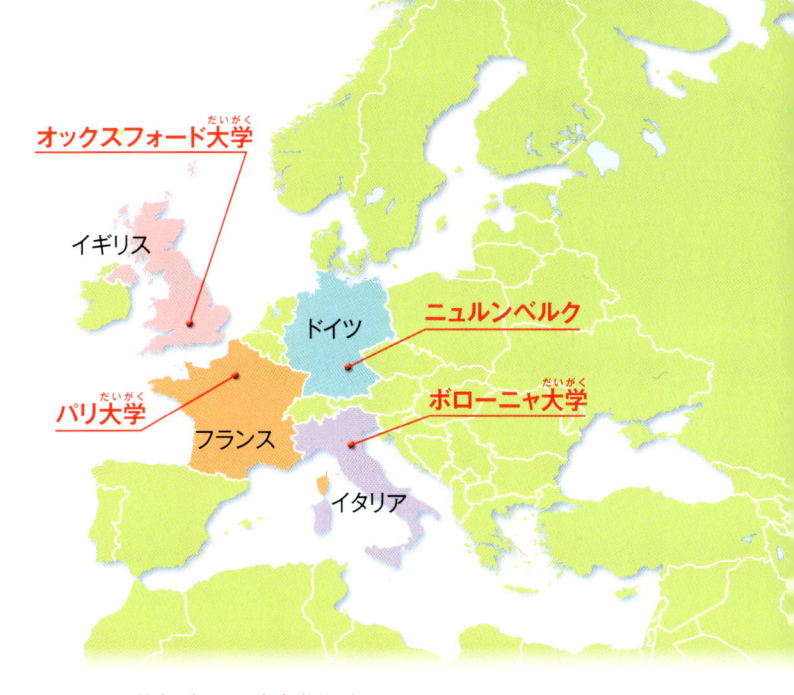

本屋の近代化

世界の本屋の近代化は、印刷機が発明された直後からはじまりました。しかし、当初は印刷業者が、本の編集者であり、本の製造者でもありました。さらに、本の販売業者でもあったのです。

ところが、あらゆる種類の本を編集し、製造、販売することなど、とうていできません。そこで学問の中心地には、本を発行する人と読者のあいだを仲介する人、すなわち本屋が登場！　その代表的な人物が、ドイツのアントン・コーベルガー（1440または1445～1513年）でした。

彼は、もともとは金細工師でしたが、印刷機を購入し、1470年にニュルンベルクに最初の印刷技術を導入し、本の販売をはじめました。

その後、近代的な本屋として大きな成功をおさめました。彼の会社は、印刷業者でありながら現在みられる本屋のかたちをなしていました。彼は、ヨーロッパの多くの都市で本屋をつくっていきました。

出版社と読者との仲介役

19世紀になると本屋さんは、印刷業者から分離します。そしてしだいに、現在どこの国でもよく見かけるような本屋さんのかたちとなって、出版社と読者を仲介する役割を果たすようになります。

■ 本の小売りと卸売り

ヨーロッパの国ぐにでは、本をつくる会社と本を読者に販売する本屋とのあいだに、本の卸売りをする本の問屋ができはじめます。

本を買いたい人はまちの本屋に行きます。しかし、まちの本屋がその本をつくる出版社と取引があるとはかぎりません。そこに、本を印刷する多くの会社から、本を大量に買いとって（読者に直接販売するのではなく）まちの本屋に販売するという卸売り業者＝問屋（日本では「取次」とよぶ）が登場してきたわけです。

いっぽう、本を書く人の原稿を編集して本を制作することを中心におこなおうとする「本屋」も出てきました。これが現在の出版社のかたちです。

こうしてそれまでの本屋のかたちと異なり、出版社、問屋、小売店というように役割分担がおこなわれていきます。イギリスのロンドンでは、1890年に本屋の協会が組織されます。その目的は、販売競争によっておこる値引きの率を低くおさえるためだったといわれています。その後、その組織は、「グレート・ブリテンおよびアイルランド書籍商組合」に成長しました。

本屋は、現在世界じゅうの国でよく見かけるお店です。多くの国で、都市部には、アメリカのバーンズ・アンド・ノーブル（→12ページ）や日本の紀伊國屋書店（→28ページ）のような大手チェーン店があって、同時に小さなまちのそこかしこには、地域の特色をもつ個人経営の本屋があります。

ベルギーのブルージュ書店は、欧州大学院大学のとなりにある。商品構成は大学を意識したものとなっており、大学教科書や参考書売り場が充実している。

ニュージーランドの大手チェーン店、ウィットコール書店。

ウェールズ（イギリス）、ボーイス
ヘイ・オン・ワイ

古本屋のおこり

　出版社、問屋、小売店の役割分担が明確になってくると、出版社がつくる新刊書を小売するか、昔からある古い本を仕入れて販売するかというちがいがうまれてきました。

　そもそも本屋の歴史は、昔からある本を写すことで対価を得ることからはじまりました（→5ページ）が、現代になって古本の販売は、古本屋がおこなうようになり、新刊書をあつかう本屋とは区別されてきました。

　トルコのイスタンブールにあるサハフラル・チャルシュスやウェールズ（イギリス）のボーイスにあるヘイ・オン・ワイ、東京の神保町などには、古本を読者に提供する古本屋が集まっています。

トルコ、イスタンブール
サハフラル・チャルシュス

日本、東京
神保町

イギリス北東部のヨーク駅にあるW・H・スミスの店舗。

本屋さんの歴史、イギリスでは？

1792年にロンドンに設立されたW・H・スミスは、「スミシズ（Smith's）」として、現在イギリス人ならだれもが知っているお店です。本や新聞だけでなく、文具や娯楽品の販売もおこなっています。

「スミシズ」の歴史＝近代書店の歴史

スミシズがつくられたのは、1792年のこと。日本では江戸時代の中期です。ヘンリー・ウォルトン・スミスと妻のアンナが、ロンドンでW・H・スミス商会を設立。その後息子が引きつぎ、1848年にユーストン駅に新聞販売所をおいたことをきっかけに、鉄道を利用した新聞の配送会社に発展。さらに鉄道駅のほか、病院、ガソリンスタンドなどで、本、文具、雑誌、新聞、娯楽品を販売するチェーン店として大きく成長していきました。

「チェーン店」とは、店の外観やサービスの内容を統一し、多数の店舗の運営や管理をする会社です。W・H・スミス社は世界初の本屋のチェーン店といわれています。

ISBNの発明

ISBN（International Standard Book Number）は、「国際標準図書番号」のことで、世界じゅうで番号によって、本を見わけられるようにしたシステムです。

ISBNで本を分類することを発明したのは、W・H・スミス社です。W・H・スミス社が1966年に開発したスタンダード・ブック・ナンバリング（Standard Book Numbering）が、1970年に国際機関に採用され、1974年に全世界共通のISBNになりました。

このようにW・H・スミス社は、イギリスだけでなく世界の本屋の近代化に大きく貢献してきました。

世界共通の規格ISBNをくわしく知ろう！

ISBNは13桁の数字です。ISBNがわかれば、世界中どこでも目当ての本を見つけだすことができます。ここでは、それぞれの数字がなにをあらわしているのかを見てみましょう。

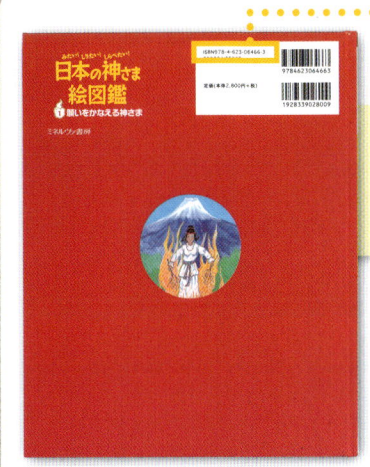

ISBNの仕組み

例：ISBN978 － 4 － 623 － 06466 － 3
　　　　　❶　　❷　　❸　　　❹　　　❺

『みたい！しりたい！しらべたい！
日本の神さま絵図鑑　1 願いをかなえる神さま』
（松尾恒一／監修、ミネルヴァ書房）

❶ 識別子
書籍であることをしめす。「978」ではじまる番号を使いきった国や地域では、「979」も使用する。

❷ 国別記号
発行する国または地域をあらわす数字。日本で発行される本の国別記号は、「4」となる。

❸ 出版者（社）記号
出版者（書籍を発行する個人）や出版社をあらわす数字。

❹ 書名記号
書籍の書名（タイトル）ごとにつけられる数字。出版者（社）が責任をもって管理し、付与する。

❺ チェック数字
コンピューターが、読みとったコードの誤りを自動的に検出するための数字。

識別子と国別記号の例

国（地域）	識別子 - 国別記号
日本	978 - 4
英語圏（オーストラリア、カナダ、ジブラルタル、ニュージーランド、南アフリカ、イギリス、アイルランド、アメリカ、ジンバブエ）	978 - 0 / 978 - 1
イタリア	978 - 88
ドイツ語圏（ドイツ、オーストリア、スイス）	978 - 3
フランス	979 - 10
フランス語圏（フランス、ベルギー、カナダ、スイス）	978 - 2

国（地域）	識別子 - 国別記号
ロシア　※旧ソビエト連邦時代の書籍もふくむ。	978 - 5
インドネシア	978 - 602 / 978 - 979
インド	978 - 93 / 978 - 81
韓国	978 - 89
中国（大陸）	978 - 7
中国（香港）	978 - 962 / 978 - 988
ベトナム	978 - 604
エジプト	978 - 977

アメリカの本屋さんの歴史

アメリカでは、小売書店以外の販売ルート（通信販売など）が発達してきたので、小さな本屋さんの地位は、あまり高くありませんでした。巨大なチェーン店が目立っています。

戦地や新聞スタンドで

1829年、アメリカのボストンでペーパーバック（→右ページ）の本が出版されました。20世紀に入るとどんどん普及し、第二次世界大戦のはじまるころには、アメリカで初のペーパーバック専門出版社であるポケット・ブックス社が設立されました。ここがつくる本は、戦地の兵士にも読みやすいため、また、新聞スタンドで売られたため、ペーパーバックの本がアメリカで大ブームとなりました。

1960年代になると、ハードカバーの本を取りあつかう個人経営の本屋が登場。現在アメリカの最大手のバーンズ・アンド・ノーブルは、1965年に学生むけの本の小売店として創業。2009年10月時点で、アメリカ全国に700以上の店を運営するチェーン店に成長し、そのなかの多くがコーヒーを提供するコーナーや、ベストセラーを値引き販売するコーナーを設けるなど、それまでの本屋のわくをこえる、新しいスタイルで成長してきました。

大型チェーン店の発展

1970年代には、バーンズ・アンド・ノーブルやビー・ドルトンのような大型チェーン店が躍進し、また、郊外型書店＊も登場し、急速に発展します。

1980年代になると大型チェーン店で、雑誌のほか、ビデオソフトやコンピューターゲーム、カレンダーの販売をおこなうようになります。

1990年代にはスーパーストアとよばれる超大型の本屋が登場。しかし、アメリカでは本の価格が統一されていないため、本を大幅に割引して販売することも目立ってきました。

2000年代に入るとインターネットにより携帯端末で本を読む文化が登場。急成長します。アメリカの本の業界は大きく変化し、本屋そのものがなくなっていくのではないかと心配されています。

2011年、アメリカ2位のチェーン店だったボーダーズ・グループが倒産しました。2013年現在もがんばっているバーンズ・アンド・ノーブルでさえ、インターネットの波にどのように対抗するかによっては倒産もありうるとみられています。

バーンズ・アンド・ノーブルの本店は、創業時の1932年から使われている古い建物。年間の休みは3日間だけ。アメリカ全土で発行されている本なら、どんな小さな出版社の商品でも取りよせてくれる。

＊郊外にあり、駐車場などをもつ中型書店。

ペーパーバックと製本

ヨーロッパ・アメリカなどの本の表紙は、18世紀までは分厚く豪華な装飾のついたもの（ハードカバー）でしたが、19世紀になると、ペーパーバックとよばれる低価格本が登場。製本のしかたもさまざまになります。

ペーパーバックとは？

ペーパーバックは、ソフトカバーともよばれ、値段の安い紙に印刷され、表紙に特別なものを使っていない本のことです。日本では、皮や布や厚紙による「上製本」に対し、「並製本」とよばれています。雑誌、新書、文庫のほとんどは並製本です。

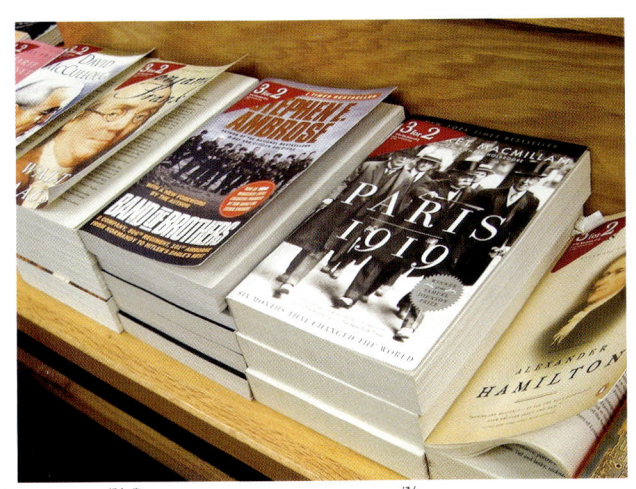

アメリカの本屋さんにならぶペーパーバックの本。

東京のジュンク堂書店池袋本店の新書の書だな。（撮影：福島章公）

製本の種類

本のかたちにすることを製本とよびます。ページ順に折りたたみ（折丁）、これを順序よくそろえてとじあわせ（丁合）、表紙をつけ、ひら（表紙の平らになっている部分）や背などに装飾をほどこします。

製本は和装本と洋装本に大別されますが、現在ではほとんど洋装本です。

接着剤で背をはりつける無線とじのほか、雑誌などでみられる針金（ホッチキス）でとじる平とじや中とじ*などがあります。

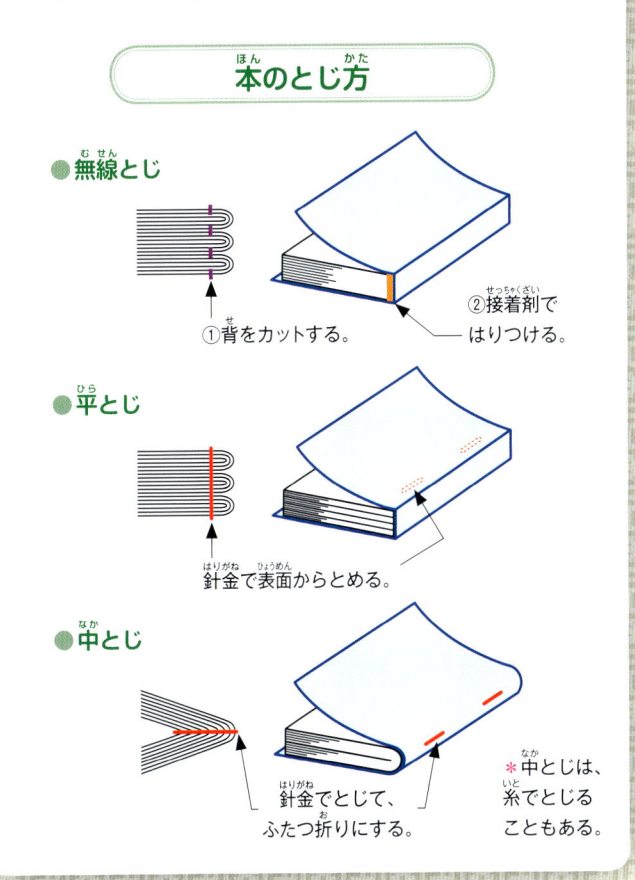

本のとじ方

● 無線とじ
①背をカットする。
②接着剤ではりつける。

● 平とじ
針金で表面からとめる。

● 中とじ
針金でとじて、ふたつ折りにする。

*中とじは、糸でとじることもある。

パート2 写真で見る外国の本屋さん

ハッチャーズとは？

現在も営業している古い本屋さんの代表的な存在が、ロンドンのハッチャーズです。創業は1797年で、イギリス王室御用達の本屋さんです。

世界の本屋さんトップ10

本が好きな人ならだれでも自分のお気に入りの本屋があるものです。それは、世界じゅうどこの国の人びとも同じです。ところが最近、魅力ある本屋も、ネット書店（インターネットの本屋）などによって、経営はどんどんきびしい状況をしいられています。繁盛している店を見つけるのが、とても困難です。

イギリスをはじめ世界の本屋の経営がきびしくなるなか、2008年1月、イギリスの『ガーディアン』紙に「世界の本屋さんトップ10」という記事がのりました。そのなかのひとつが、イギリスで現存するもっとも古い本屋であるロンドンのハッチャーズです（その他9店は右ページ参照）。

1 ハッチャーズ（イギリス、ロンドン）

ロンドンにある本屋のなかでもっとも古く、ジョン・ハッチャーズによって1797年に創業された。イギリス王室御用達。店内は重厚感があり、歴史を感じさせる。10万タイトル以上の本をあつかう。マーガレット・サッチャーやJ・K・ローリングなど、有名人によるサイン会もおこなわれている。

立派な袋

ハッチャーズは、イギリスの本屋といえばかならず名前の出てくる店。王室御用達の独特の雰囲気があり、そこかしこに格調の高さが感じられます。ロンドンを舞台にした小説にも、この本屋がよく登場します。

本を買ったときに入れてくれる紙袋まで立派です。日本の場合、本屋の袋は、デザインや材質にいろいろな工夫がこらされたものが多いので、紙袋が立派だからといってもおどろきませんが、本の包装があまりおこなわれていないヨーロッパでは、ハッチャーズの紙袋はひときわ光るものがあります。

- 6 ボーダーズ・グラスゴー店（イギリス）
- 7 スカーシン・ブックス（イギリス）
- 1 ハッチャーズ（イギリス）
- 2 セレクシス・ドミニカネン（オランダ）
- 8 ポサダ（ベルギー）
- 5 シークレット・ヘッドクォーターズ（アメリカ）
- 4 レロ・イ・イルマオン（ポルトガル）
- 10 恵文社一乗寺店（日本）
- 9 エル・ペンデュロ・ポランコ店（メキシコ）
- 3 エル・アテネオ・グランド・スプレンディッド（アルゼンチン）

世界の本屋さんトップ10

「本屋さんのトップ」といっても、なにを基準にするかで大きくかわります。ここでは『ガーディアン』というイギリスの新聞が独自の基準でえらんだ本屋さんを見てみましょう。

2 セレクシス・ドミニカネン （オランダ、マーストリヒト）
13世紀にたてられたゴシック教会が修復され、2006年に本屋として生まれかわった。古い教会の魅力をそのままのこし、広い空間をいかして講演会などもおこなわれている。

右側の建物が教会、正面の入り口。

講演会で、2階から1階にいる聴衆に向かって話す講演者。

新たに教会内部につくられた書だな。

3 エル・アテネオ・グランド・スプレンディッド （アルゼンチン、ブエノスアイレス）
古い劇場が本屋さんに改造されたもの。天井の絵画、舞台の深紅のカーテン、手の込んだ彫刻といった壮麗さを当時のままにのこしている。舞台の上はカフェとして使用され、観客席は読書スペースになっている。

4 レロ・イ・イルマオン （ポルトガル、ポルト）
ポルト旧市街は地区一帯が世界遺産となっており、この本屋も建物全体が世界遺産に登録されている。1881年創業と歴史は古い。天井のステンドグラスや、壁にほどこされた彫刻も美しい。

5 シークレット・ヘッドクォーターズ （アメリカ、ロサンゼルス）
ロサンゼルスにあるコミックの専門店。シルバーレイクという、芸術家やミュージシャンが集まるおしゃれなまちにある。書だなにならぶ鮮やかな本は整頓されており、店員さんたちも親切。

6 ボーダーズ・グラスゴー店 （イギリス、グラスゴー）
1827年にたてられた王立銀行が本屋として改装されたもの。ボーダーズは大手書店チェーンだが、この店舗はとくに見事な外観が、多くの本好きを引きつけてきた。（2009年閉店）

7 スカーシン・ブックス （イギリス、ダービシャー）
1970年代にオープンした、新刊書と古書をあつかう本屋。とくに子どもむけの本が充実。湖のそばにあり、店内にすてきなカフェも併設されている。その魅力にとりつかれた人びとが、とまりこみで訪れている。

8 ポサダ （ベルギー、ブリュッセル）
ブリュッセルの教会近くにある本屋で、美術書をあつかっていた。店内のディスプレイがとても美しく、展覧会のカタログのコレクションは群をぬいており、20世紀はじめのカタログまで見ることができた。（2011年閉店）

9 エル・ペンデュロ・ポランコ店 （メキシコ、メキシコシティ）
ふきぬけの店内の書だなに植物が生い茂る本屋。壁一面に連なった本と、そこにからまるツタが壮観。ならんでいるのはスペイン語の本がほとんど。併設されているカフェも人気で、本を片手にくつろぐ人も多い。

10 恵文社一乗寺店 （日本、京都）
京都にある、世界的に評価が高い本屋。1975年にオープン。本に関するセレクトショップで、ブックカバー、文具などもおかれている。

木造の店内は居心地がよく、本好きが日本じゅうから足をはこんでいる。

ヨーロッパとオセアニアの本屋さん

ここからは6ページにわたり、ヨーロッパとオセアニアの主な国の本屋さんのようすを写真で見ていきます。本屋さんは、それぞれの国でなんとよばれ、その国の文字でどのように書かれるかも見てみます。

🇫🇮 フィンランド　A

アカテーミネン書店は、1969年創業の地下1階、地上3階の大型店。1階中央部分の広場には、本を読む人のほかソファーがならんでいて、多くの人が休んだり、談笑したりしている。2、3階はふきぬけになっていて、売り場は回廊状。

なんて言うの？ どんな文字？
キルヤカウッパ
Kirjakauppa

アカテーミネン書店は、ストックマンというヘルシンキ市内でいちばん大きなデパートのとなりにある。

暖かみのある店内では、いすに座って本を読むこともできる。

🇸🇪 スウェーデン　B

アカデミー書店は、首都ストックホルムでいちばん大きく、ノーベル賞授賞式がおこなわれるまちにふさわしいアカデミックな本屋。ここは子どもの本をおいていない。人文・社会科学、医学、芸術などを中心とした専門性の高い本屋。スーパーマーケットのように、入り口と出口が別になっているのが特徴的。

なんて言うの？ どんな文字？
ブークハンデル
Bokhandel

アカデミー書店の入り口。

パート2 写真で見る外国の本屋さん

🇳🇴 ノルウェー・・・C

首都オスロには大型書店、老舗書店が多く、そのなかでもターナム書店はチェーン店が多くいちばん大きい。

なんて言うの？どんな文字？
ブークハンデル
Bokhandel

オスロのカールヨハン通りにあるターナム書店の本店。

店内では、本だけでなく、文具も充実している。

🇩🇪 ドイツ・・・・・・・・・・・・・・・・・D

フランクフルトにあるフューゲンデューベル書店は、ドイツ最大のチェーン店で、ベルリン、ドレスデン、ミュンヘンなどにいくつもの店をもつ。どれも大型店ばかり。とくにフランクフルト店には、ブックフェア（→29ページ）に参加する世界じゅうからきた出版社の人が多く訪れる。

なんて言うの？どんな文字？
ブーフハンドルング
Buchhandlung

フランクフルト店は映画館を改装した建物。地下1階、地上3階の店内中央には、エスカレーターがある。

もっとくわしく ベルギーの古本の村 E 🇧🇪

1店1店がジャンル別にテーマをもつ古本屋になっている。

ベルギーの首都ブリュッセルの南東約120kmにあるアルデンヌ地方の小さな村ルデュ村は、1000年以上の歴史をもっています。ところが、1980年代のはじめには、人口がわずか20人となり、地図からも消えかかろうとしていました。その村が今では「本の村」としてよみがえりました。きっかけをつくったのは、古本の収集が趣味という事業家ノエル・アンスロー氏です。偶然、1964年、人工衛星の追跡観測などをおこなう基地の建設地をさがしていたヨーロッパ宇宙開発機関が、ルデュ村近くに決定。これに目をつけたアンスロー氏がそこに第1号の古本専門店を開業します。古本祭りを開催したところ、基地建設による注目とあいまって、ルデュ村を「本の村」にしようとする機運が高まります。空き家になっていた農家や馬小屋、学校などがつぎつぎと本屋に改装されました。楽譜の店、海洋の本専門店、アンティーク、天文学、歴史、芸術、旅行、宗教等の本専門店など、現在では本屋の数は50店以上になり、中心地にはレストランができました。夏期や週末は、ヨーロッパじゅうからブックマニアや観光客が押しよせています。

🇳🇱 オランダ ・・・・・・・・・・・・・・・・・・・・・・・・・・・・・・ F

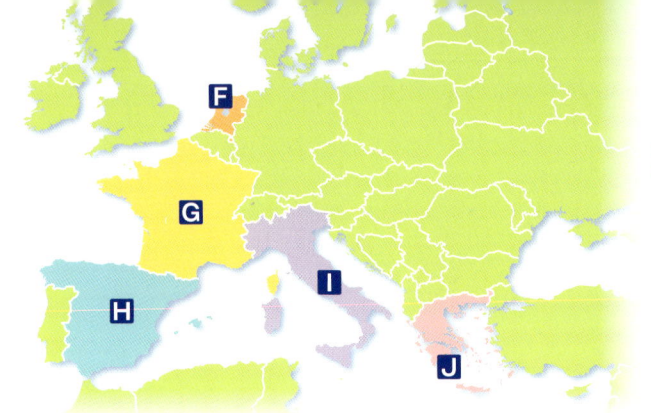

ウォーターストーンズはイギリスのチェーン書店。アムステルダム店は、児童書売り場が充実しているのが特徴。絵本コーナーわきには、すべり台、おもちゃ、ぬいぐるみなどがおかれた、子どもの広場になっている。

なんて言うの？どんな文字？
ブクハンデル
Boekhandel

アムステルダム店は、1階から4階の総合書店。角店なので目立つ店がまえ。

児童書売り場は年齢別に本が分類され、ならべられている。

🇫🇷 フランス ・・・・・・・・・・・・・・・・・・・・・・・・・・・・・・ G

フナックは、創業1953年のフランス最大のチェーン書店。現在は、フランスの各都市に60店以上があり、ベルギー、スペイン、ポルトガル、台湾にも店をもつ。パリのメイン店はフナック・フォーラム店で、店の入り口から生活実用書→地図・ガイドブック→コミック→子どもの本→美術・デザイン書→語学→人文書→歴史書→コンピューター→理工学書の順に、店の奥に行くほど専門書のゾーンとなっていることが特色だ。

なんて言うの？どんな文字？
リブレリ
Librairie

フナック・フォーラム店は、1階が本、2階が電化製品、コンピューター、CD、DVDの売り場となっている。

フナック・フォーラム店の文芸書売り場。ペーパーバックの本がならんでいる。

パート2 写真で見る外国の本屋さん

🇪🇸 スペイン H

カサ・デル・リブロ書店は、スペインの首都マドリードの中心地にある地下1階、地上4階の本屋で、90年の歴史をもつ。1階は床にすのこ状の板をしき、そのうえに本が積みあげられている。ヨーロッパの本屋ではあまり見かけない光景だ。

なんて言うの？ どんな文字？

リブレリーア
Librería

カサ・デル・リブロ書店は、グランビア通りにある。立地がよく、夜遅くまでにぎわっている。

🇮🇹 イタリア I

モンダドーリ書店は、文芸、人文の大手であるモンダドーリ出版社の直営書店。1階は新刊書、文芸書、歴史書があり、売り場の3分の1はカフェのスペースになっている。2階は手前が子どもの本売り場、奥が理工、人文の専門書売り場となっている。

店内では、真っ赤な書だなと平台に本がならんでいる。

なんて言うの？ どんな文字？

リブレリーア
Libreria

🇬🇷 ギリシャ J

パタカ書店の創業は、1932年と古い。1階は文芸書と学習書、地階は子どもの本のほか、文具も販売している。2階にはカフェがある。総合書店であるが、文系に強い店である。インフォメーションサービスも行きとどいている。

なんて言うの？ どんな文字？

ビブリオポーレイオ
Βιβλιοπωλείο

パタカ書店は、道路から引っこんだところにある建物だが、ショーウィンドウが目立つ。

19

🇦🇹 オーストリア・・・・・・・・・・・・・・・K

ウィーンを代表するシュテファン寺院の前にグラーベン広場がある。ゲロルド書店は、その広場に面している。1階の売り場はドイツ語、スペイン語、英語の本が多い。

なんて言うの？どんな文字？
ブーフハンドルング
Buchhandlung

広いウィンドウにぎっしりと本がならべられている。

🇨🇿 チェコ・・・・・・・・・・・・・・・・・L

カンゼルスベルガー書店は、首都プラハでいちばん大きい。7階だての堂々たる店がまえだが、外にむけての店名看板は目立たず、KNIHY（本）と建物に大きく書かれている。

カンゼルスベルガー書店の1階は、三方がショーウィンドウである。

なんて言うの？どんな文字？
クニフクペットヴィー
Knihkupectví

🇭🇺 ハンガリー・・・・・・M

リブリ書店は、首都ブダペスト市内最大の本屋で、市内だけで8店。本店の特色はインフォメーションサービスの充実していることと、地図、コンピューターの本の品ぞろえが豊富なことだ。

なんて言うの？どんな文字？
クニヴァールス
könyvárus

リブリ書店・本店は1、2階のL字型店舗。2階にはカフェもある。

🇷🇺 ロシア　　　　　　　　　　　　　　　　N

ドム・クニーギ書店は首都モスクワに30店以上ある。サンクトペテルブルク・ドム・クニーギは風格ある外観だが、店内の通路はせまい。

サンクトペテルブルク・ドム・クニーギ。ロシアの書店の看板はドム・クニーギ（本の館）となっているものがほとんどである。

なんて言うの？ どんな文字？

クニージニイ　マガジン
книжный магазин

🇦🇺 オーストラリア　　　　　　　　O

オーストラリア全土に20店以上をもつディモックス書店は、創業が1879年ととても古い。シドニー店は、オーストラリア最大。学習参考書に力を入れているのは海外書店ではめずらしい。とくに初等学習問題集や指導法に力点がおかれている。反面、コミックなどが軽視されている。

オーストラリア最大のディモックス書店。シドニーに3店舗ある。

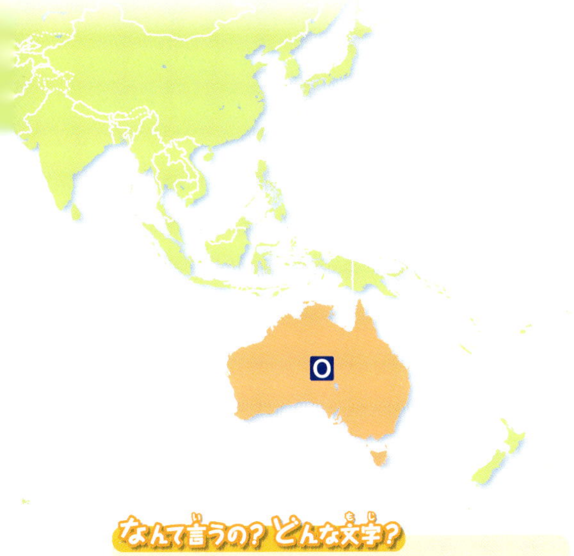

なんて言うの？ どんな文字？

ブクストーァ
bookstore

シドニー市内にある本社ビルは10階だて。本屋は、地階、1階、2階にある。ふきぬけが店をいっそう広く見せている。

イスラム圏の本屋さん

イスラム圏（イスラム世界）とは、中東や東南アジアなどイスラム教を信じる人びとが社会の中心にいる地域のことです。

🇹🇷 トルコ　　　　　　　　　　　P

メフィスト書店は本のほかにCD、文具、玩具をあつかい、カフェもある複合店である。トルコ最大の都市イスタンブールのなかでは、広さ、本の量ともにいちばん。

メフィスト書店は、地下1階、地上2階。幅広く専門書をあつかっていることが強みである。

なんて言うの？ どんな文字？
キタプチュ
kitapçı

🇮🇩 インドネシア　　　　　　　　R

グラメディア書店は、インドネシアを代表するチェーン店。親会社は印刷会社である。本店は、大型総合書店。日本の大型店とちがうのは、文庫と新書がないことである。

グラメディア書店・本店は、地下駐車場と地上4階のビルである。

なんて言うの？ どんな文字？
トコ　ブクゥ
Toko buku

🇲🇾 マレーシア　　　　　　　　　Q

MPH書店は、マレーシアを代表するチェーン店。国内に20店以上をもつ。ミッドヴァレー店は、子どもの本売り場にある丸いステージが人気。店の中央部分に休憩所があって、その中心には噴水を囲むようにしてソファーがおいてある。

なんて言うの？ どんな文字？
クダイ　ブク
kedai buku

MPH書店・ミッドヴァレー店。子どもむけのギフトコーナーもある。

本が焼かれる

かなしいことに、人類の長い歴史では時の権力者によって本が焼かれることがありました。現代でも、本屋が放火される事件がおこっています。

本屋が破壊された

2012年9月7日の朝、エジプトのアレキサンドリアにある本屋街が、エジプト政府の内務省により破壊されました。このニュースは、地元だけでなく世界じゅうでも報道されました。エジプト政府が「政権側に都合の悪い思想をもつ本屋を破壊した」ともいわれています。

また、イギリスのロンドンでは、2013年2月2日、フリーダムプレスという本屋が放火されました。この本屋は、「アナキスト」とよばれる、国家の存在を認めないといった思想の本をあつかう本屋として知られていました。このように、近年、世界の各都市で、権力者にとって都合の悪い本をあつかっている本屋の破壊や放火が目立っています。

事件直後のフリーダムプレス。多くのボランティアが営業再開のためにそうじなどを手伝った。

1938年4月、オーストリアでナチスの思想に反する本を燃やすナチ党員。

焚書とは？

権力者が自らに反対する人たちをおさえつける方法のひとつとして、本に書かれた権力側に反対する思想を消しさろうと、公開の場で本などを焼きすてることを「焚書」といいます。歴史的には、紀元前213年に中国、秦の始皇帝が、実用書以外の本を焼きはらったものや、第二次世界大戦中、ナチスドイツがおこなったものが有名です。日本でも、長い歴史のなかでたびたび焚書がおこなわれてきました。第二次世界大戦後、日本を占領したGHQ（連合国軍最高司令官総司令部）が、軍国主義的な本を焼きはらったのも、焚書だと見られています。

「一党独裁国家」の本屋さん

世界じゅうの多くの国で、本屋さんは、権力に反対する考えを宣伝する場となっています。と同時に、権力の考えを国民に宣伝する場所にもなっています。「一党独裁」とは、ずっとひとつの政党が国を支配している国のことです。

中国の新華書店の歴史

1937年に延安で設立された新華書店（新華書店）は、中華人民共和国が誕生すると、国営の本屋として発展。当初の活動は、中国共産党の機関紙『解放日報』の販売を中心として、共産党の指導者毛沢東の思想を国民に伝える役割を果たしました。「新華書店」の毛筆ロゴも、毛沢東主席自らが筆で書いたものです。

1951年8月、新華書店は、人民出版社、新華書店、新華印刷廠の3つにわかれ、その下に、小売店の部門がおかれ、それぞれ発展しました。2006年の時点で、小売店の数は全国で1万4000に達しました。ところが、近年の中国の経済成長のなか、インターネットなどの普及とあいまって閉鎖されるところが続出しています。

なんて言うの？ どんな文字？
シューティエン
书店

中国でもネット販売に押される

中国でも本屋の売りあげが急速におちこみ、新華書店をはじめ、店を閉めるところが続出しています。北京市内に20数店あった北京最大の民営の書店チェーンで光合成書店が倒産。さらに最近になって書店の倒産があいつぎ、今や大型店は王府井書店と北京図書大厦だけになりました。

こうした背景には、アメリカや日本と同じように、中国でもネット書店ができてきたことがあります。北京では、インターネットで注文すれば、本が翌日に届きます。また、海賊版[*]が横行していることも見逃せません。

1999年に北京に誕生した北京図書大厦。世界最大級の売り場面積をほこる。

[*] 著作物を著者・出版社の許可を受けずに複製したもの。

パート2 写真で見る外国の本屋さん

香港では？　　　　　T

約100年のあいだイギリスに統治されていた香港は、1997年に中国に返還されました。香港では、イギリス時代、英語と広東語が話され、漢字は、中国本土の漢字（簡体字）とは異なる繁体字が使われていました。しかし、返還後には、簡体字、繁体字の両方が使われ、本屋でも両方の本が混在しています。

なんて言うの？ どんな文字？

シューティエン
書店

香港の老舗書店、中華書局は、3階だての本屋。
1階は文具売場、2階は英文書、3階が中文書売場となっている。

北朝鮮の国営書店　　　　　U

北朝鮮にも本屋はありますがすべて国営です。朝鮮労働党の思想を伝える物をあつかっています。権力に反対する本などをおく本屋は、北朝鮮の社会ではまったく考えられません。権力にとって不都合な本は存在できないのです。しかし、北朝鮮では国民の考えかたを権力者にとって都合のよいものにするために本屋を利用することはほとんどありません。なぜなら、それほど本屋が普及していないからです。

朝鮮語で「本屋」とかかれている看板。

平壌にある国営書店は、ビルの1階20坪ほどの図書室といった感じの本屋。ならんでいる本は、店舗の3分の1が金日成全集や選集、朝鮮労働党の書籍、雑誌、主体思想の本、3分の1は平壌市地図、ガイドブック、絵はがき、国旗、指導者のバッジなど。のこりの3分の1は、金日成肖像画、祭壇の花だ。これで本屋と言えるだろうか。

なんて言うの？ どんな文字？

チェクバン
책방

アジアのさまざまな国の本屋さん

アジアの国ぐにの本屋さんでは、看板の文字にヨーロッパとのちがいを見ることができます。インドやベトナムでは本のならべかたも異なっています。一部の国では日本の本が買える本屋さんもあります。

韓国 …………… V

韓国最大の本屋は、ソウルにある教保文庫。ソウルの本店は、1970年代に開店。現在チェーン店として数店国内にもっている。本店の店内に日本書籍専門売り場があり、雑誌、文庫、新書、ベストセラーなどがそろえてあり、日本の本屋そっくりである。

本店には、多くのお客さんが訪れ、レジには行列ができるほどである。

教保文庫・本店の入り口。本店はソウルの地下鉄1号線チョンガク駅に直結している。

なんて言うの? どんな文字?
(ソジョム)
서점

タイ …………… W

アジアブックスは、バンコク市内のチェーン店として最大。英語とタイ語の本を専門にあつかっていて、日本語の本はおいていない。

アジアブックス・タイムズスクエア店。大きなウィンドウがある。

なんて言うの? どんな文字?
(ラーンカイナンスー)
ร้านขายหนังสือ

26

パート2 写真で見る外国の本屋さん

🇮🇳 インド・・・・・・・・・・・・・X

ジェーン・ブック・エージェンシーの創業は1935年。現在、創業店はインド全域を対象としてインターネットでも本の販売をおこなっている。そのストックが2階にある倉庫に入れられている。

ジェーン・ブック・エージェンシーでは、お客さんに声をかけている書店員が多くみられる。

なんて言うの？ どんな文字？

ブスタク キー ドゥカーン
पुस्तक की दुकान

🇻🇳 ベトナム・・・・・・・・・・・・・Y

首都ハノイ市内最大の本屋は、チャンティエン書店だ。ここでは、すべての本が積んであって、本を書だなにたてに差しこむ背表紙陳列はいっさいない。

チャンティエン書店は、5階だての総合大型書店である。

なんて言うの？ どんな文字？

ニャー サッ
Nhà sách

🇱🇰 スリランカ・・・・・・・・・・・・・Z

レイク・ハウス・ブックショップは、1950年創業の老舗書店。スリランカを代表する出版社が経営している。

レイク・ハウス・ブックショップの店の奥には、インフォメーションサービス専用のコーナーが設けられている。

なんて言うの？ どんな文字？

タミル語　プスタガッカダイ
புத்தகக்கடை

シンハラ語　ポト サープワ
පොත් සාප්පුව

紀伊國屋書店の海外店舗

現在、日本で最大規模をほこる紀伊國屋書店は、日本国内のほか、日本式の本屋を海外でも展開しています。外国の人にも日本式のサービスが人気となっています。

日本から海外へ

紀伊國屋書店は、1927年（昭和2年）に東京で創立しました。北は北海道から南は鹿児島まで、現在全部で64店舗（2013年10月現在）があります。海外ではアメリカ、アジア、オーストラリアなどに出店しています。

紀伊國屋書店の海外店舗

写真キャプション:
- ドバイ店
- サンフランシスコ店
- ニューヨーク本店
- シンガポール本店

店舗一覧（地図より）:

台湾：
- 台北天母店
- 台北微風店
- 台中中港店
- 高雄漢神店
- 高雄漢神巨蛋店

アメリカ：
- シアトル店
- ポートランド店
- サンフランシスコ店
- サンノゼ店
- ニューヨーク本店
- シカゴ店
- コスタメサ店
- ロスアンゼルス店

アラブ首長国連邦：
- ドバイ店

タイ：
- バンコク店
- スクンビット店
- サイアムパラゴン店

マレーシア：
- クアラルンプール店

インドネシア：
- ジャカルタ店
- ポンドキンダ店
- グランド・インドネシア店

オーストラリア：
- シドニー店

シンガポール：
- シンガポール本店
- リャンコート店
- ブギス店
- ジュロン店

※台湾の店舗のルビは、日本での読み方で表記した。

国際ブックフェア

世界じゅうから出版社、本屋さんなどが集まり、世界の本の取引をおこなう国際見本市が世界各国でおこなわれています。世界最大のフランクフルト・ブックフェアをはじめ、主なものを見てみましょう。

長い歴史をもつ本の見本市

「見本市」とは、現品を見本として展示し、取引の商談をして、受渡しは後日にするという市場のことです。新しく発明されたり改良されたりした機械や道具など、商品としてできあがっていない段階で取引がおこなわれます。

ドイツのフランクフルト・ブックフェアは活版印刷が発明されてまもないころ、フランクフルトで開かれた本の市がはじまりとされ、500年以上の歴史があります。

2013年の世界の主な国際ブックフェア

期間	回	名称
1月30日～2月4日	第21回	台北国際ブックフェア（台湾）
3月22日～3月25日	第33回	パリ・ブックフェア（フランス）
3月25日～3月28日	第50回	ボローニャ国際児童図書展（イタリア）
4月15日～4月17日	第42回	ロンドン国際ブックフェア（イギリス）
5月16日～5月20日	第26回	トリノ国際ブックフェア（イタリア）
7月4日～7月7日	第20回	東京国際ブックフェア（日本）
7月17日～7月23日	第24回	香港ブックフェア（中国）
8月28日～9月1日	第20回	北京国際ブックフェア（中国）
10月9日～10月13日	第65回	フランクフルト・ブックフェア（ドイツ）

北京国際ブックフェア（中国）

東京国際ブックフェア（日本）

フランクフルト・ブックフェア（ドイツ）

ボローニャ国際児童図書展（イタリア）

さくいん

あ行

ISBN ……………………………… 10、11
アジア …………………………… 26、28
アメリカ ……………… 8、12、13、15、24、28
アルゼンチン ……………………………… 15
アレクサンドリア図書館 …………………… 5
イギリス …… 6、8、9、10、14、15、18、23、25
イスラム教 ………………………………… 22
イタリア ………………………… 5、6、19
印刷機 ……………………………… 4、7
インターネット ………………… 12、14、24
インド …………………………… 26、27
インドネシア ……………………………… 22
英語 ……………………………… 20、26
エジプト ………………………… 5、23
江戸時代 …………………………………… 10
オーストラリア …………………… 21、28
オーストリア ……………………………… 20
オセアニア ………………………………… 16
オックスフォード大学 …………………… 6、7
オランダ ………………………… 15、18

か行

紙 …………………………………………… 6
韓国 ………………………………………… 26
北朝鮮 ……………………………………… 25
ギリシャ ………………………… 5、19
グーテンベルク …………………………… 6

さ行

出版社 ……………………… 8、9、11、17
上製本 ……………………………………… 13

た行

新刊書 ……………………………………… 9
神保町 ……………………………………… 9
スウェーデン ……………………………… 16
スペイン …………………………………… 19
スペイン語 ………………………………… 20
スリランカ ………………………………… 27
製本 ………………………………………… 13
ソフトカバー ……………………………… 13

た行

タイ ………………………………………… 26
タイ語 ……………………………………… 26
第二次世界大戦 ………………… 12、23
W・H・スミス …………………………… 10
チェーン店 ……………………… 8、10、17
チェコ ……………………………………… 20
中国 ……………………………… 6、23、24、25
中東 ………………………………………… 22
朝鮮半島 …………………………………… 6
ドイツ …………………… 6、7、17、23、29
ドイツ語 …………………………………… 20
東南アジア ………………………………… 22
取次 ………………………………………… 8
トルコ …………………………… 5、9、22

な行

並製本 ……………………………………… 13
日本 ……………………… 8、10、11、13、14、15、23、24、26、28
日本語 ……………………………………… 26
ネット書店 ……………………… 14、24
ノルウェー ………………………………… 17

は行

ハードカバー	12
パピルス	5
パリ大学	6
ハンガリー	20
フィンランド	16
ブックフェア	17、29
フランス	6、18
古本屋	9
ペーパーバック	12、13
ベストセラー	12、26
ベトナム	26、27
ベルギー	15、17
編集者	7
ポルトガル	15
ボローニャ大学	6
香港	25

ま行

マレーシア	22
メキシコ	15

や行

羊皮紙	5
ヨーロッパ	6、7、8、13、16、17、19

ら行

ロシア	21

ヘイ・オン・ワイ

©SIME/アフロ

■監修

秋田 喜代美（あきた きよみ）

東京大学大学院教育学研究科博士課程単位取得退学。博士（教育学）。東京大学大学院教育学研究科教授。専門は教育心理学、保育学、授業研究。人が育つ制度的な場としての保育所や幼稚園、小中学校での園内や校内の研修に参加しながら教育実践研究を行っている。NPOブックスタートの立ち上げに参画するなど子どもの読書推進活動にも尽力している。著書に『読書の発達心理学』（国土社）、『本を通して世界と出会う』（北大路書房）、『絵本で子育て』（岩崎書店）、監修に『図書館のすべてがわかる本（全4巻）』（岩崎書店）など多数。

■文

稲葉 茂勝（いなば しげかつ）

1953年、東京都生まれ。東京外国語大学卒業。編集者として、これまでに800冊以上を担当。そのあいまに著述活動もおこなってきている。おもな著書には、『大人のための世界の「なぞなぞ」』『世界史を変えた「暗号」の謎』（共に青春出版社）、『世界のあいさつことば』（今人舎）、「世界のなかの日本語」シリーズ1、2、3、6巻（小峰書店）など多数。

◆協力

能勢 仁（のせ まさし）

1933年、千葉県生まれ。慶応義塾大学文学部卒業。高校教師を経て株式会社多田屋常務取締役、株式会社ジャパンブックボックス取締役（平安堂FC部門）、株式会社アスキー取締役・出版営業統轄部長を歴任。1996年ノセ事務所を設立。書店クリニック・出版コンサルタントとして今日に至る。

編 集	こどもくらぶ（二宮 祐子、長野 絵莉）
制 作	株式会社エヌ・アンド・エス企画（装丁・デザイン／中村 和沙）
校 正	くすのき舎

■参考資料

『本の歴史文化図鑑 5000年の書物の力』著／マーティン・ライアンズ　柊風舎　2012年
『世界の本屋さん見て歩き』著／能勢仁　出版メディアパル　2011年
『世界の書店をたずねて』著／能勢仁　本の学校・郁文塾　2004年
「Bookselling」 http://www.theodora.com/encyclopedia/b2/bookselling.html
「ISBN国別記号一覧表」 http://www.isbn-center.jp/guide/06.html
「Best bookshops」 http://www.theguardian.com/books/2008/jan/11/bestukbookshops

■写真協力

（表紙中央）
© Alamy/アフロ
（p5：『ブリタニカ百科事典』）
© Bernard Rose Photography UK
（p13：新書の書だな）
ジュンク堂書店池袋本店
（p15：セレクシス・ドミニカネン）
夏目康子 / International Research Society for Children's Literature 2013
（p15：恵文社一乗寺店）
株式会社 恵文社
（p28：紀伊國屋書店の海外店舗）
株式会社 紀伊國屋書店
（p29：東京国際ブックフェア）
リード エグジビション ジャパン株式会社
（p29：フランクフルト・ブックフェア）
© Xxlphoto ¦ Dreamstime.com

この本の情報は、2013年10月現在のものです。

本屋さんのすべてがわかる本 ①
調べよう！ 世界の本屋さん

2013年11月25日　初版第1刷発行　〈検印省略〉

定価はカバーに表示しています

監 修 者	秋田 喜代美
文	稲葉 茂勝
発 行 者	杉田 啓三
印 刷 者	金子 眞吾

発行所　株式会社 ミネルヴァ書房
607-8494 京都市山科区日ノ岡堤谷町1
電話 075-581-5191／振替 01020-0-8076

©こどもくらぶ, 2013　印刷・製本 凸版印刷株式会社

ISBN978-4-623-06938-5
NDC379/32P/27cm
Printed in Japan

本屋さんのすべてがわかる本

全4巻

秋田 喜代美 監修　稲葉 茂勝 文
27cm　32ページ　NDC379
オールカラー

・・・・・・・・・・・・・・・・・・・・・・・・・・・・・

① 調べよう！ **世界の本屋さん**

② 調べよう！ **日本の本屋さん**

③ 見てみよう！ **本屋さんの仕事**

④ もっと知りたい！ **本屋さんの秘密**